Les Maîtres

UNICURSAL

Copyright © 2018

Éditions Unicursal Publishers
www.unicursalpub.com

ISBN 978-2-924859-29-2

Première Édition, Yule 2018

ANNIE BESANT

LES
MAÎTRES

Classiques Théosophiques

UNICURSAL

AVANT-PROPOS

En toute occasion, l'idée des Maîtres de la Loge blanche, frères aînés de l'humanité, fait tressaillir le cœur humain, et c'est avec un joyeux empressement qu'est accueilli tout ce que l'on peut dire à leur sujet. La possibilité de trouver quoi que ce soit de grotesque dans la conception de ces grands Êtres, de ces hommes devenus parfaits, a complètement disparu de la pensée occidentale, comme si elle n'avait jamais existé. On s'est enfin convaincu de ce que l'existence de tels Êtres est non seulement naturelle mais encore nécessaire lorsqu'on admet l'évolution, car ils sont les fruits suprêmes de cette évolution.

Bien des gens commencent à voir dans les grandioses figures du passé la preuve évidente de l'existence de tels hommes, et, tandis que la raison les reconnaît dans le passé, l'espoir surgit de les retrouver dans le présent. En outre, il y a parmi nous, tant en Occident qu'en Orient, un nombre toujours croissant de personnes qui ont réussi à trouver les Maîtres et de l'esprit desquelles toute espèce de doute au sujet de leur existence a, par conséquent, à jamais disparu.

La voie qui mène vers Eux est ouverte ; ceux qui cherchent trouveront.

Puisse ce petit livre éveiller en quelques-uns le désir de se mettre à la recherche des Grands Instructeurs.

Quant à moi qui les connais, je ne saurais rendre à mes frères de plus grand service que de les inciter à entreprendre cette recherche dont le succès les comblera au-delà de toute espérance.

ANNIE BESANT.

LES MAÎTRES[1]

L'HOMME PARFAIT

L'HOMME PARFAIT EST UN CHAÎNON DE L'ÉVOLUTION

Il y a dans l'évolution humaine un degré qui précède immédiatement le but où tend l'effort humain, et, ce degré franchi, l'homme en tant que tel est au bout de sa tâche. Il est devenu parfait, sa carrière humaine est achevée.

Les grandes religions donnent des noms divers à cet Homme parfait, mais quel que soit le nom, l'idée reste la même ; qu'Il soit Mithra, Osiris, Krishna, Bouddha ou Christ, toujours Il symbolise l'homme devenu parfait. Il n'appartient pas à une religion seulement, Il ne fait point partie d'une nation seule, d'une famille humaine unique ; Il n'est point emprisonné dans les formes d'une foi particulière. Partout c'est Lui le plus noble, le suprême

---

1   Ces trois conférences, faites à des dates diverses, ont été publiées en anglais en 1912.

idéal. Toutes les religions Le proclament, en Lui est leur raison d'être à toutes. Il est l'Idéal auquel aspire toute foi et une religion ne remplit efficacement sa mission qu'en raison de l'intensité de la lumière qu'elle projette, de la précision des enseignements qu'elle formule sur la voie qui conduit vers Lui.

Le nom de Christ qui désigne l'Homme parfait par toute la chrétienté est le nom d'un état bien plus que celui d'un homme. "Le Christ en vous, c'est l'espoir du triomphe", telle est la pensée de l'instructeur chrétien. Au cours de leur longue évolution, les hommes parviennent à l'état de Christ, car tous doivent accomplir en leur temps le pèlerinage séculaire et Celui qui est connu sous ce nom en Occident est l'un des "Fils de Dieu" qui ont atteint le but final de l'humanité. Ce nom a toujours comporté un attribut : l'Oint du Seigneur, qui indique un état, et cet état chacun doit l'atteindre. Il est dit : "Regarde au dedans de toi, tu es Bouddha" et "Jusqu'à ce que Christ soit né en vous".

De même qu'un musicien qui aspire à devenir artiste doit écouter les chefs-d'œuvre de son art et se plonger dans les flots d'harmonie créés par le génie, de même nous devons nous, enfants des hommes, élever nos regards et nos cœurs en une contemplation sans cesse renouvelée vers les cimes où se tiennent les Hommes parfaits de notre race. Ils furent ce que nous sommes, nous deviendrons ce qu'Ils sont. Tous les fils des hommes peuvent réaliser ce qu'a accompli le Fils de l'Homme et l'existence des Maîtres est le gage de notre propre triomphe ; le développement en nous du degré de divinité semblable au leur n'est qu'une question d'évolution.

LA LOI INTÉRIEURE ET LA LOI EXTÉRIEURE

J'ai quelquefois divisé l'évolution intérieure en trois périodes : la première, sub-morale ; la seconde, morale ; la troisième, supra-morale. Au premier stade, l'homme ne distingue pas le bien du mal et obéit à ses désirs sans hésitation et sans scrupule ; parvenu au stade moral, l'homme reconnaît le bien et le mal d'une manière de plus en plus définie et précise et s'efforce d'obéir à la loi ; enfin, au stade supra-moral, la loi extérieure est transmuée en sa forme supérieure, parce que le principe divin de l'homme commande à ses véhicules. Dans la période de moralité, nous voyons en la loi une barrière légitime, une restriction salutaire opposée à nos appétits. La loi dit : fais ceci, évite cela ; l'homme s'efforce d'obéir, de là une lutte constante entre sa nature inférieure et sa nature supérieure. Au stade supra-moral, la nature divine de l'homme trouve son expression naturelle sans le secours d'un guide extérieur ; l'homme aime, non parce qu'il doit aimer, mais parce que lui-même est amour. "Il agit enfin", suivant la noble parole d'un Initié chrétien, "non en vertu d'une loi matérielle, mais par la puissance même d'une vie infinie manifestée en lui".

La moralité est transmuée en sa forme la plus haute quand toutes les facultés de l'homme se tournent d'elles-mêmes vers le Bien, comme l'aiguille aimantée se tourne vers le nord ; quand ce qu'il y a de divin en l'homme cherche sans cesse à réaliser le bien de tous. Il n'y a plus de lutte, car la victoire est gagnée ; le Christ n'atteint sa stature parfaite que lorsqu'il est devenu le Christ triomphant, maître de la vie et de la mort.

LA PREMIÈRE INITIATION

On parvient à ce stade de la vie du Christ, de la vie de Bouddha, par la première des grandes

Initiations où l'Initié est appelé le "petit enfant" ou "le nouveau-né" parfois "le jeune enfant de trois ans". L'homme doit retrouver son état d'âme d'enfant qu'il a perdu ; il doit "devenir un petit enfant" pour "entrer dans le Royaume". En franchissant ce portail, il naît à la vie de Christ et, parcourant le "chemin de la Croix", il avance sur le sentier à travers les portes successives. Lorsqu'il parvient au bout, il est définitivement libéré des limitations et de l'esclavage de la vie ; il meurt au temps pour vivre dans l'éternité et prend conscience de lui-même en tant que vie plutôt qu'en tant que forme.

Sans nul doute, le christianisme primitif reconnaissait positivement que ce degré de l'évolution est accessible à chacun des chrétiens. L'ardent désir exprimé par saint Paul que le Christ pût naître dans le cœur de ses disciples est un témoignage suffisant de ce fait sans qu'il soit nécessaire d'avoir recours à d'autres citations pour l'appuyer. Quand bien même ce verset serait unique en son genre, il suffirait à montrer que l'idéal chrétien considérait cet état de Christ comme un état intérieur, marquant la période finale de l'évolution du croyant. Et il est bien qu'il en soit ainsi et que les chrétiens reconnaissent la réalité de ce fait au lieu de considérer la vie du disciple aboutissant à l'Homme Parfait comme une fleur exotique transplantée en Occident mais qui ne peut naître que dans le lointain Orient. Cet idéal fait partie du véritable christianisme spirituel et la naissance du Christ en toute âme chrétienne est l'objet de l'enseignement chrétien. Le but même de la religion est de provoquer cette éclosion, et si cet enseignement mystique venait à disparaître du christianisme, cette religion perdrait le pouvoir d'élever jusqu'à l'état divin ceux qui la pratiquent.

La première des grandes Initiations est la naissance de Christ, de Bouddha, dans la conscience humaine, la transmutation de la soi conscience, la suppression des limitations. Les étudiants savent que le stade de Christ comprend quatre degrés depuis celui de l'homme parfaitement bon jusqu'à celui du Maître triomphant. On franchit chacun de ces degrés par une Initiation, et pendant ces divers stades de l'évolution la conscience doit s'élargir, croître, atteindre enfin son développement extrême dans les limites que lui impose le corps humain. Au premier degré, le changement consiste en l'éveil de la conscience dans le monde spirituel, dans ce monde où la conscience, cessant de s'identifier avec les formes passagères qui emprisonnent la vie, s'identifie avec cette vie même.

Cet éveil est caractérisé par une sensation d'expansion soudaine, d'élargissement de la vie au-delà des limites habituelles, par la découverte d'un Soi divin et puissant qui n'est pas forme, mais vie, joie et non douleur ; par le sentiment d'une paix merveilleuse qui dépasse tout ce qu'on peut rêver de plus beau. En même temps que disparaissent les limitations la vie augmente d'intensité, on dirait qu'elle se précipite de tous côtés, heureuse de ne plus rencontrer d'obstacle et donnant une si vivante impression de réalité que toute forme vivante semble morte, que toute lumière terrestre est ténèbres. Cette expansion est si merveilleuse qu'il semble à la conscience ne s'être jamais connue jusque-là, car tout ce qu'elle considérait comme conscience n'est qu'inconscience, comparé à ce torrent de vie. La soi-conscience, qui avait commencé à germer dans l'humanité-enfant, qui s'est développée, a grandi, s'élargissant toujours dans les limites de la forme, se croyant séparée des autres, ayant toujours ce sentiment du "moi", parlant sans cesse du "mien", cette soi-conscience sent tout à coup que les "sois" sont "le Soi" et toutes les formes un bien commun. L'Initié voit que les limitations étaient nécessaires pour la construction d'un centre d'individualité où puisse se maintenir l'identité du Soi, et il sent en même temps que la forme n'est qu'un instrument dont il se sert, tandis que lui-même, la conscience vivante, est un avec tout ce qui vit. Il saisit le sens profond de cette formule si souvent répétée : "l'unité de l'humanité" et sent ce que signifie de vivre en tout ce qui vit et se meut et cette conscience est accompagnée d'une joie immense, de cette joie de vivre qui même dans ses plus pâles reflets terrestres est l'une des jouissances humaines les plus intenses. Non seulement l'unité est vue par l'intellect mais elle est ressentie, elle vient étancher cette soif d'union que connaissent tous ceux qui ont aimé ; c'est l'unité sentie du dedans et non vue du dehors, ce n'est pas une conception intellectuelle, c'est la vie même.

En de nombreuses pages de jadis, la naissance du Christ dans l'homme nous a été retracée, et toujours sous les mêmes traits ; mais combien les mots forgés pour l'univers des formes sont impuissants à peindre le monde de la Vie !

Pourtant il faut que l'enfant se développe et devienne un homme parfait, et il y a beaucoup à faire, bien de la fatigue à affronter, bien des souffrances à endurer, bien des luttes à livrer, bien des obstacles à surmonter avant que le Christ, né dans la faiblesse de l'enfance, ne parvienne à la stature de l'Homme parfait. Devant lui, sur le sentier où il vient d'entrer, se dressent toutes ces épreuves. C'est d'abord la vie de labeur parmi les hommes, ses frères, ce sont le ridicule et le soupçon qu'il lui faudra affronter, le mépris qui accueillera le message qu'il apporte, l'angoisse de l'isolement, la souffrance, enfin, de la crucifixion et les ténèbres du tombeau.

Par un entraînement continuel, le disciple doit apprendre à s'assimiler la conscience des autres et à placer le centre de la sienne propre non dans la forme mais dans la vie afin de pouvoir se libérer de l' "hérésie de la séparativité" qui lui fait considérer les autres comme étant différents de lui-même. Il lui faut, par un travail de tous les jours, élargir sa conscience jusqu'à ce que l'état auquel elle était parvenue lors de sa première Initiation devienne son état normal. Dans ce but, il s'efforcera, dans sa vie quotidienne, d'identifier sa conscience avec la conscience de ceux auxquels il a affaire journellement; il tâchera de sentir comme eux, de penser comme eux, de se réjouir et de souffrir comme eux. Peu à peu, il lui faudra développer en lui-même une sympathie parfaite, une sympathie capable de vibrer en harmonie avec chacune des cordes de la lyre humaine. Graduellement, il devra apprendre à répondre comme si elle était sienne, à toute sensation éprouvée par un autre, si humble ou si élevé soit-il. Peu à peu, par un exercice constant, il lui faut s'identifier avec les autres dans les circonstances diverses de leurs existences variées. Il doit apprendre la leçon de la joie et celle des larmes, et ceci n'est possible que lorsqu'il a transmué son moi séparé, lorsqu'il ne demande plus quoi que ce soit pour lui-même mais comprend qu'il doit désormais trouver sa vie uniquement dans la Vie. L'objet de sa première lutte cruelle est de rejeter tout ce qui jusqu'alors a été pour lui vie, conscience, réalité, et de continuer sa route seul et dépouillé, ne s'identifiant plus avec aucune forme. Il doit apprendre la loi de la vie par le moyen de laquelle seulement la divinité intérieure peut se manifester, loi qui est l'antithèse de son passé. La loi de la forme est de prendre, celle de la vie est de donner. La vie grandit en se répandant dans la forme à flots sans cesse renouvelés à la source inépuisable de vie située au cœur de l'univers ; plus la vie se répand, plus le torrent intérieur grossit. Tout d'abord il semble au nouveau Christ que sa vie l'abandonne, que ses mains restent vides après avoir répandu leurs dons sur un monde ingrat ; ce n'est qu'après le sacrifice définitif de la nature inférieure que vient l'expérience de la vie éternelle et que ce qui semblait la mort de l'être se trouve être la naissance à une vie plus intense.

LA SECONDE INITIATION

C'est ainsi que la conscience se développe jusqu'à ce que, ayant parcouru la première étape du sentier, le disciple voie devant lui le second portail de l'Initiation représenté symboliquement dans les Écritures chrétiennes par le Baptême du Christ. À ce moment, lorsqu'il plonge dans les flots de la douleur humaine, fleuve dont l'eau doit baptiser tout Sauveur de l'humanité, un nouveau torrent de vie divine se répand sur lui, il prend conscience de lui-même comme du Fils en qui la vie du Père trouve son expression parfaite. Il sent la vie de la Monade, son Père céleste, se répandre dans sa conscience, et il sait alors qu'il ne fait qu'un, non seulement avec les hommes mais encore avec son Père céleste et qu'il ne vit sur terre que pour être l'expression de la volonté du Père, sa manifestation tangible. Désormais sa mission envers l'humanité devient la réalité la plus évidente de son existence. Il est le Fils dont les hommes doivent écouter le message, parce que par lui la Vie cachée se répand, et il est devenu le canal à travers lequel cette Vie cachée peut atteindre le monde extérieur. Il est le prêtre du Mystère qui est Dieu, il a pénétré derrière le voile et revient la face illuminée d'une gloire éclatante, reflet de la lumière du Sanctuaire.

C'est alors que commence son œuvre d'amour symbolisée dans son activité extérieure par l'empressement qu'il apporte à guérir, à soulager ; autour de lui se pressent les âmes avides de lumière et de vie, attirées par sa force intérieure et par la vie divine manifestée dans le Fils, représentant élu du Père. Les âmes affamées viennent à Lui, et Il leur donne du pain, d'autres, souffrant de la souffrance du péché, s'approchent et Il les guérit par sa parole vivante, les âmes aveuglées par l'ignorance réclament son secours, par Lui la radieuse sagesse se montre à leurs yeux. L'une des caractéristiques de la mission d'un Christ est que les abandonnés et les pauvres, les désespérés et les déchus s'approchent de lui sans aucun sentiment de séparation. Ils se sentent accueillis et non repoussés, car son être irradie la bonté et l'amour qui comprend se dégage de sa personne. En vérité l'ignorant ne sait pas qu'il est un Christ en devenir, mais il sent en lui un pouvoir qui élève, une vie qui vivifie et dans son atmosphère il puise de nouvelles forces, une nouvelle espérance.

LA TROISIÈME INITIATION

Devant lui se dresse le troisième Portail qui donne accès à un nouveau stade de progrès et il jouit d'une brève période de paix, de gloire, d'illumination symbolisée dans les écrits chrétiens par la Transfiguration. C'est une halte dans sa vie, un instant de repos dans son œuvre de service, une ascension vers la montagne où trône la paix des cieux. Et là, près de quelques-uns de ceux qui ont reconnu sa divinité en évolution, cette divinité brille pour un instant de tout l'éclat de sa beauté transcendante.

Durant cette trêve au milieu du combat, il voit l'avenir qui l'attend en une série de tableaux qui passent devant ses yeux ; il sent les souffrances qu'il devra endurer, la solitude de Gethsémani, l'angoisse du Calvaire. Dorénavant son regard restera fermement dirigé vers Jérusalem, vers les ténèbres où il doit descendre pour l'amour de l'humanité. Il comprend qu'avant d'atteindre à la conscience parfaite de l'unité, il faut qu'il subisse la quintessence de l'isolement. Jusque-là, quoique conscient de la croissance de sa vie, il lui semblait que cette vie lui venait du dehors ; il lui faut à présent acquérir la conscience que le centre en est en lui-même. Dans la solitude de son cœur, il doit expérimenter la véritable unité du Père et du Fils, unité intérieure et non extérieure, et ensuite la perte même de la vue du Père ; et pour cela tout contact extérieur avec les hommes et avec Dieu même doit être rompu, afin que dans son propre Esprit il trouve l'Unité.

LA NUIT DE L'ÂME

À mesure qu'approche l'heure sombre il ressent de plus en plus douloureusement la faillite des sympathies humaines auxquelles il était accoutumé à se fier durant les dernières années de son ministère, et lorsqu'à l'heure critique, jetant les yeux autour de lui en quête de réconfort, il voit ses amis plongés dans le sommeil de l'indifférence, il lui semble que tous les liens humains sont brisés, que tout amour humain n'est qu'ironie, toute foi humaine que trahison. Il est rejeté vers lui-même et apprend que seul subsiste le lien entre son Père céleste et lui et que toute aide matérielle est vaine. On nous dit qu'en cette heure d'isolement l'Âme est remplie d'amertume et que rarement elle traverse le vide de ce gouffre sans un cri d'angoisse. C'est alors qu'éclate ce reproche désespéré : Eh quoi, vous n'avez pu veiller une heure ?

Mais il n'est donné à nulle main humaine d'en presser une autre dans la désolation de Gethsémani. Lorsque se dissipent les ténèbres de cette heure de solitude humaine, alors, en dépit du recul d'effroi de la nature à la vue du calice, s'approchent les ténèbres plus profondes de l'heure où un abîme semble se creuser entre le Père et le Fils, entre la vie incarnée et la vie infinie. Le Père, que la conscience percevait encore à Gethsémani, quand sommeillaient tous les amis terrestres, est voilé durant la Passion sur la Croix. C'est là l'épreuve la plus cruelle pour l'Initié de perdre même la conscience de sa vie filiale et de voir l'heure du triomphe rêvé se changer en celle de la plus basse ignominie. Il se voit entouré d'ennemis exultant et abandonné par ses amis, par ses fidèles; il sent l'aide divine s'écrouler sous ses pieds, et il boit jusqu'à la lie ce calice de solitude et d'isolement sans qu'aucun contact divin ou humain ne vienne soutenir son âme défaillante suspendue au-dessus de abîme Alors s'échappe du plus profond de ce cœur qui se sent abandonné même par son Père ce cri: "Mon Dieu, mon Dieu, pourquoi m'avez-vous abandonné?"

Pourquoi cette dernière épreuve, cette illusion, la plus cruelle de toutes? Illusion, en vérité, car le

Christ mourant est en contact intime avec le cœur Divin. C'est afin que le Fils sache qu'il ne fait qu'un avec le Père qu'il cherche, qu'il reconnaisse Dieu non seulement au dedans de lui, mais comme étant son moi le plus intime. Ce n'est que lorsqu'il sait que l'éternel est lui-même, et que lui-même est l'éternel qu'il a définitivement triomphé de tout retour possible d'un sentiment de séparativité. Alors, mais alors seulement, il est parfaitement à même d'aider les hommes et de devenir une partie consciente de l'énergie qui élève la race.

LA GLOIRE DANS LA PERFECTION

Le Christ triomphant, le Christ de la Résurrection et de l'Ascension a goûté l'amertume de la mort, a souffert toutes les douleurs humaines et s'est élevé au-dessus d'elles par la puissance de sa propre divinité. Qu'est-ce qui pourrait désormais troubler sa paix ou détourner sa main miséricordieuse qui se tend pour aider ? Durant son évolution, il a appris à recueillir en lui-même toutes les vibrations des peines humaines et à les renvoyer transformées en vibrations paisibles et joyeuses. Son œuvre consistait donc à transmuer, dans ce qui était alors le cercle de son activité, des forces discordantes en forces harmonieuses. Maintenant il doit en faire autant pour le monde, pour cette humanité dont il est la fleur épanouie. C'est ainsi que les Christs et leurs disciples chacun dans la mesure de son évolution, protègent et aident le monde; et les luttes que l'humanité doit soutenir seraient bien plus âpres encore, les combats qu'il lui faut livrer infiniment plus désespérés sans la présence au milieu d'elle de ceux dont les mains soulèvent "le lourd Karma du monde".

Ceux-là même qui en sont encore à la première étape du Sentier deviennent des forces évolutives, comme le sont d'ailleurs tous ceux qui travaillent pour les autres avec désintéressement, quoique les premiers le fassent plus consciemment et d'une manière plus continue.

Mais le Christ triomphant accomplit parfaitement ce que font d'autres à des degrés variés d'imperfection, voilà pourquoi on l'appelle un "Sauveur" et cette appellation le caractérise parfaitement. Il nous sauve, non en se substituant à nous, mais en nous faisant partager sa vie. Par sa sagesse, tous les hommes deviennent plus sages, car sa vie se répand à flots dans le sang et dans les moelles, dans le cœur de tous. Il n'est prisonnier d'aucune forme mais non plus étranger à aucune. Il est l'Homme idéal, l'Homme parfait, chaque homme est une cellule de son corps et chaque cellule participe à sa vie.

En vérité, il n'eût pas valu la peine de souffrir sur la Croix et de parcourir le Sentier qui y mène dans le seul but d'obtenir un peu plus tôt sa propre libération, de parvenir un peu plus vite au repos. C'eût été payer trop cher la victoire, si par son triomphe l'humanité tout entière ne se fût trouvée exaltée, si le sentier foulé par tous n'en eût été rendu plus court. L'évolution de toute la race en est accélérée, le pèlerinage de chacun devient moins long. Telle est la pensée qui l'inspirait dans la violence du combat, qui soutenait ses forces et adoucissait l'angoisse des revers. Il n'est pas un être si faible, si dégradé, si ignorant ou si coupable fût-il, qui ne se trouve rapproché de la lumière par le fait qu'un Fils du Très-Haut a atteint le but. Combien sera accélérée l'évolution à mesure que ces Fils triomphants se dresseront de plus en plus nombreux pour entrer dans la vie éternelle et consciente. Comme elle tournera vite la roue qui élève l'homme vers la divinité à mesure que des hommes de plus en plus nombreux deviendront consciemment des Dieux.

L'IDÉAL QUI NOUS INSPIRE

Voilà où réside la force qui doit nous stimuler, nous tous qui, dans nos moments d'aspirations les plus nobles, nous sommes sentis attirés par la beauté du sacrifice de la vie offert pour l'amour de l'humanité. Pensons aux souffrances du monde qui ignore pourquoi il souffre ; à la condition misérable, au désespoir d'hommes qui ne savent ni pourquoi ils vivent, ni pourquoi ils meurent, qui, jour après jour, année après année, voient fondre sur eux et sur d'autres des souffrances dont ils ne comprennent pas la raison d'être ; qui luttent avec le courage du désespoir ou se révoltent avec fureur contre des circonstances qu'ils ne peuvent ni comprendre ni s'expliquer. Pensons à l'angoisse née des ténèbres et de l'aveuglement où ils errent sans espoir, sans aspirations, sans connaissance de la vie véritable et de la beauté qui rayonne derrière le voile. Pensons à nos millions de frères plongés dans l'obscurité et aux énergies évolutives pleines de force pour les élever qui naissent de nos peines, de nos luttes et de nos sacrifices.

Nous pouvons élever nos frères d'un degré vers la lumière, alléger leurs douleurs, diminuer leur ignorance, orienter leur marche vers la connaissance qui est la lumière et la vie. Quel est celui d'entre nous qui, en sachant tant soit peu à ce sujet, refuserait de s'offrir pour ceux qui ignorent tout ? Nous savons par la Loi immuable, par la Vérité infaillible, par la Vie infinie de Dieu, que toute divinité est en nous, et que, si peu évoluée qu'elle soit actuellement, ses capacités latentes sont infinies et propres à élever et à spiritualiser l'univers. Il n'est certainement pas un homme capable de sentir le flux de la vie divine qui ne se sente attiré par l'espoir d'aider et de bénir. Et si cette Vie est perçue, quelque faiblement et pour un instant si bref que ce soit, c'est parce qu'au fond du cœur tressaille le germe de ce qui se développera jusqu'à devenir la vie du Christ, parce que le temps approche de la naissance du Christ enfant, parce que c'est en Lui enfin que l'humanité cherche à s'épanouir.

LES MAÎTRES : UN FAIT, UN IDÉAL

LA PLACE DU COMBATTANT

Monsieur Sinnett, mes amis [2],

Il y a près d'un an, j'étais sur cette même estrade, pour parler en public dans cette salle à mon retour de l'Inde. Depuis lors, bien des choses se sont passées. Moi-même, j'ai voyagé jusqu'au bout du monde, vers des contrées dont nous pouvons dire qu'elles sont sous nos pieds; puis de là, je suis rentrée dans l'Inde et l'ai traversée à nouveau du sud à l'extrême nord; enfin, je suis revenue de l'Inde ici, sachant que pendant mon absence, bien des attaques s'étaient déchaînées, bien des difficultés et bien du trouble avaient surgi. D'abord, dans ces lointains antipodes, me parvint une rumeur de doute et de défi, un bruit de prétendues révélations et de violentes insultes. Puis en me rapprochant,

---

2   Conférence faite en 1896, présidée par M. Sinnett.

en arrivant aux Indes, j'obtins plus de renseigne-
ments, j'appris les détails de l'attaque. Mais j'étais
encore trop éloignée pour prendre une part active
à la lutte, et, liée par d'autres devoirs, il m'était impossible de me rendre sur-le-champ dans le pays
où, en apparence du moins, cette lutte était la plus
chaude. Quand le temps vint où mes engagements
me permirent de revenir, quand vint le temps où,
une fois encore, je me retrouvai dans cette salle en
face d'un public anglais, je crus bien faire en choi-
sissant comme sujet le point autour duquel l'attaque réelle avait fait rage, et de traiter dans les
premières paroles que je prononcerais dans ce pays
le sujet le plus réellement important sur lequel les
commentaires s'étaient exercés en mon absence.
Car je sais qu'en quelque endroit que se dresse un
obstacle, c'est là que doit se trouver le brave soldat,
et je n'ai pas oublié qu'un écrivain de notre langue
anglaise a parlé de ceux qui soutiennent la religion
lorsqu'elle triomphe, auréolée de splendeur, mais
qui ont honte d'être à ses côtés dans l'ombre et
sous l'outrage, humiliés qu'ils sont de la voir cou-
verte de haillons et non drapée dans la pourpre.

Mais j'ai appris au cours d'une vie agitée que
c'est au moment de l'attaque qu'il faut se défendre ;
que ce n'est pas quand le soleil brille et que tout est

pour le mieux que la parole est le plus nécessaire, mais bien lorsque les nuages orageux s'amoncèlent et que de tous côtés surgissent des obstacles. C'est au moment où la vérité est en bute aux attaques qu'il faut montrer sa loyauté envers elle, c'est lorsque le savoir est assailli de tous côtés qu'il faut lui rester fidèle ; et je jugerais traîtres à la vérité et renégats envers leur conscience ceux d'entre nous qui, connaissant la réalité de l'existence des Mahatmas, se permettraient de se taire parce qu'on cherche à leur imposer silence par le ridicule, ou se permettraient de nier leur savoir parce que le fait auquel il se rapporte a été en bute aux outrages de la fraude et aux assauts de la mauvaise foi. Voilà pourquoi j'ai choisi ce sujet à ma première allocution et pourquoi j'apporte devant vous des témoignages que je considère dignes de votre examen et pour lesquels je réclame toute votre patiente attention et votre jugement le plus mûrement pesé.

LE TÉMOIGNAGE DES RELIGIONS

Les Maîtres : un fait, un idéal ; j'ai choisi ce double titre car quelques-uns ne connaissent pas en tant que fait Leur existence qui n'en est pas moins pour eux un idéal précieux et plein d'inspiration. Il y a des membres de notre Société qui ne croient pas en l'existence des Mahatmas. Ils sont nombreux ceux qui font partie de la Société et qui n'ont ni connaissance ni foi à ce sujet; le règlement de notre Société est de ne demander à ceux qui y entrent aucune autre profession de foi que celle qui a trait à la fraternité humaine à l'exclusion de toutes les distinctions de surface. De sorte que, dans les limites de la Société, on peut trouver des membres qui croient et d'autres qui ne croient pas en l'existence présente ou passée de ces grands Instructeurs. Mais moi, qui crois en Eux et qui sais qu'ils existent, je ne parle pas ici au nom de la Société qui n'a pas de dogme, mais en mon nom et en celui d'autres qui partagent avec moi cette foi ou cette connaissance, et je vais vous présenter ce que je crois être une preuve rationnelle, digne de considération, preuve à laquelle vous pourrez réfléchir à loisir pour vous former à son sujet l'opinion qu'il vous plaira. Je parle aussi pour l'amour de l'idéal, car les idéals de la race sont précieux et l'on ne doit pas les laisser insulter à la légère ni permettre qu'on nie leur existence. Car, en dépit du vain rire dont on s'est servi comme d'une arme, il est grand cet idéal des Mahatmas (mot qui, en sanscrit, signifie

simplement grand Esprit), il est grand en dépit du
rire et du ridicule et de tous les bavardages dénués
de sens dont ce nom a été l'objet. Cette moquerie
est un danger qui menace un grand idéal dont la
valeur passe de beaucoup les bornes de la Société
Théosophique. Car il n'est pas une seule grande
religion qui ait élevé et purifié l'esprit des hommes,
pas une profonde doctrine ayant conduit des millions d'êtres à la connaissance de la vie spirituelle
et des possibilités de l'évolution humaine, il n'en
est pas une qui n'ait basé sa foi sur un Homme
Divin, qui ne reconnaisse pour son Fondateur dans
le passé l'une de ces âmes puissantes qui ont ap-
porté au monde la connaissance de la vérité spirituelle. Remontez aussi loin que vous voudrez dans
le passé, prenez la doctrine qu'il vous plaira ; toutes
sont basées sur ce même idéal, toutes reconnaissent pour leur Fondateur un Homme dont la vie
est divine. Autour de cet idéal se groupent tous les
espoirs des hommes et aussi les destins futurs de
l'humanité. En effet, à moins que l'homme ne soit
un être spirituel, à moins qu'il n'ait en lui-même la
possibilité d'un développement spirituel, à moins
qu'il n'existe quelque preuve évidente d'hommes
devenus parfaits montrant qu'il ne s'agit pas là d'un
rêve pour l'avenir, mais bien d'une réalité atteinte

déjà par notre race ; à moins qu'il ne soit vrai que devant nous tous s'ouvrent les mêmes possibilités infinies dont l'existence a été démontrée dans le passé par ceux qui ont réussi, toutes les espérances des hommes sont dépourvues de fondement, les aspirations humaines vers la perfection ne comportent aucune certitude de réalisation, l'humanité enfin reste une chose éphémère et non l'héritière d'une immortalité sans bornes.

Que l'homme puisse devenir un Dieu, voilà ce qui a inspiré les plus grands de notre race, ce qui a réconforté les plus malheureux au milieu de leurs angoisses et auréolé l'avenir d'un espoir qui n'est pas mensonger. Voilà pourquoi je défends cet idéal. Qu'est, en effet, le Mahatma ? C'est l'homme devenu parfait, l'homme qui a atteint l'état d'union avec la Divinité ; l'homme qui, par lents degrés, a développé en lui les facultés latentes de la nature spirituelle et se dresse triomphant là où nous luttons. Chaque religion, ai-je dit, lui a rendu témoignage. Vous voyez que toutes les religions du monde reconnaissent l'existence dans le passé d'un Divin Instructeur. Que vous preniez le nom de Zoroastre en Perse, celui de Manou dans l'Inde ou de Bouddha à une époque plus moderne ou celui du Christ en Palestine, chacun d'eux désigne l'Homme divin qui apporta la certitude de la perfection humaine à tous ceux qui entrèrent dans sa sphère de rayonnement. Voilà l'idéal qui a été insulté de nos jours, et c'est pour l'amour de cet idéal que me voici devant vous pour vous parler ce soir.

HYPOTHÈSE

Et maintenant, quel plan allons-nous suivre dans notre démonstration ? Je me propose d'indiquer d'abord que l'hypothèse en question est fort vraisemblable en raison des lois de l'évolution naturelle, ceci très brièvement et pour nous amener à la preuve positive. Puis je pense passer à la preuve de l'existence dans le passé de ces hommes devenus divins, puis arriver à la preuve de leur existence actuelle, et enfin, car sans cette conclusion notre conférence n'aurait pour nous aucun résultat pratique, je montrerai comment il est possible aux hommes de devenir parfaits, je tracerai tout au moins une esquisse légère des méthodes du devenir de l'Homme Divin. Envisageons donc d'abord l'hypothèse que l'existence des Maîtres est vraisemblable en elle-même et conforme à la loi d'analogie dans la nature telle que nous l'observons autour de

nous et que nous la trouvons dans le passé. Peu de
gens actuellement, je pense, contesteront le fait de
l'évolution. Peu nieront que notre race progresse et
que, cycle après cycle, nous trouvions des nations
qui avancent et atteignent des sommets de plus en
plus élevés dans le domaine de la connaissance et
dans celui du développement.

Si l'on considère l'immense période de temps
écoulée depuis la première apparition de l'homme
sur la terre, si l'on considère d'autre part les différences énormes que nous constatons actuellement
entre le sauvage le plus primitif et le type d'homme le plus élevé tel qu'il est généralement connu,
si nous rapprochons ces différences dans le présent
des longues périodes de temps requises par l'évolution qui nous a précédés, je ne pense pas qu'il soit
théoriquement irrationnel ou absurde de prétendre
que chez certaines individualités l'évolution ait pu
être portée à un degré aussi supérieur par rapport
à celui auquel est parvenu l'homme le plus haute-
ment civilisé de nos jours, que l'est celui-ci par
rapport au type le plus primitif de sauvage existant
encore actuellement. Et ce n'est pas tout. Non seulement nous avons d'énormes périodes de temps
derrière nous, mais encore il existe des vestiges de
civilisations puissantes qui montrent que la race a

atteint des cimes élevées tant en sagesse qu'en philosophie et en science et en religion il y a des milliers et des milliers d'années, je pourrais dire des centaines de milliers d'années. Car, en regardant en arrière, vous trouverez les traces de puissantes civilisations, impliquant la présence d'hommes du type le plus élevé, et il serait peu rationnel de supposer que cette évolution dont on parle tant n'ait été que flux et reflux, ne laissant rien comme résultat, rien de plus que des périodes successives de haute civilisation et d'extrême barbarie, puis de civilisation recommencée sans aucun chaînon qui assure la continuité de la connaissance.

Il n'est pas tout au moins impossible, et dans quelques instants nous verrons qu'il est probable, que hors de ce passé puissant quelques hommes aient surgi, s'élevant de plus en plus haut et portant en quelques individus la race humaine au même degré de perfection où la race entière doit lentement parvenir à son tour. Ce n'est pas impossible ni même improbable si l'on se souvient que le progrès est la loi de la nature et qu'on songe aux énormes périodes de temps durant lesquelles a vécu l'humanité.

PREUVE HISTORIQUE

Mais laissons cette possibilité dont je ne m'occupe que parce qu'il est bon de nous débarrasser dès le début de l'idée que cette hypothèse est en elle-même impossible et absurde, pour nous tourner vers le témoignage de l'histoire. Voyons si l'histoire ne nous montre pas de temps en temps quelque figure gigantesque qui s'élève bien au-dessus et au-delà des hommes de son temps et de la stature habituelle de l'humanité. Voyons s'il n'existe pas de preuve irréfutable de ce que ces hommes ne sont pas que le fruit de l'imagination populaire, qu'ils ne sont pas seulement des hommes du passé dont la tradition exagère le mérite et qui nous apparaissent grossis, pour ainsi dire, à travers la brume des siècles. Je parle de ces grands Êtres auxquels j'ai fait allusion, qui ont été les Fondateurs des grandes religions du Monde. Non seulement il existe à leur sujet une tradition ininterrompue et les religions subsistent que ces Hommes fondèrent, mais il y a plus qu'une tradition, plus que le fait d'une religion qui a grandi, il y a une littérature définie, spéciale, dont l'antiquité n'est contestée par aucun savant, bien que quelques-uns lui attribuent une antiquité plus grande que celle que d'autres sont disposés à lui reconnaître. Prenez les dates postérieures, elles serviront mon plan quoique je ne les considère pas comme exactes. Prenez les dates plus récentes que pourraient vous indiquer les orientalistes qui ont étudié la littérature de la Chine, celles de l'Inde et de la Perse sans parler d'époques plus rapprochées. Vous trouverez là certains livres considérés comme sacrés, des livres que la religion proclame être d'une antiquité qu'on peut dire immémoriale. Chez les Chinois vous trouverez des livres sacrés anciens, chez les Parsis, disciples de Zoroastre, leurs livres traduits aussi à présent dans votre langue. Vous avez dans l'Inde les Vedas, les Upanishads, sans parler des œuvres plus récentes, et je pourrais, sans craindre un démenti, vous donner de longues listes d'œuvres puissantes, considérées comme Écritures sacrées par les fidèles de ces religions. Par qui ces livres ont-ils été écrits, et d'où vient la sagesse qu'ils renferment ? Le fait qu'ils existent est évident, et celui qu'il faut qu'ils aient des auteurs ne peut guère être contesté. Et cependant ces œuvres d'une antiquité si reculée, révèlent une profondeur de connaissance spirituelle, une profondeur de pensée philosophique, une profondeur de pénétration de la nature humaine et une profondeur d'enseignement moral si merveilleuses que les esprits les plus grands de notre temps aussi bien dans le domaine de la morale que dans celui de la philosophie sont forcés d'admettre que ces écrits dépassent ce qu'ils peuvent produire de plus grand et que le monde moderne n'a rien à leur comparer qui en approche de loin pour la sublimité. Ce n'est pas une question de tradition, mais de livres, non une question de théorie, mais de fait; car si ces livres sont si grands, leur morale si pure, leur philosophie si sublime et si vaste le savoir qu'ils renferment, leurs auteurs ont dû posséder toute la sagesse que vous y trouvez contenue. Et la foi de millions et de millions d'hommes témoigne de la réalité de cette vérité spirituelle, des nations sont guidées par les enseignements qui ont été transmis par cette voie. Mais ce n'est pas tout. Ces enseignements sont semblables en quelque lieu que vous les trouviez. C'est le même enseignement de l'unité de la Vie Divine d'où a surgi l'univers, le même enseignement de l'identité entre l'Esprit dans l'homme et l'Esprit dont est sorti l'univers; le même enseignement qui affirme que l'homme, à l'aide de certaines méthodes, peut développer en lui la Vie spirituelle et parvenir, non seulement à l'espérance et à la foi, mais à la connaissance positive du divin. De sorte que de ces temps reculés nous reste au moins un fait qui ne peut être nié : c'est que des hommes vécurent dans ce passé si ancien dont la pensée fut assez grande, la morale assez pure, la philosophie assez sublime pour survivre aux naufrages de la civilisation et résister à la force destructrice du temps, et que de nos jours vos orientalistes traduisent pour l'édification du monde moderne ce que de grands hommes du passé ont enseigné et trouvent les pensées les plus sublimes auxquelles la race ait donné naissance dans ces Écritures qui sont venues jusqu'à nous des temps les plus reculés.

Que des hommes vécurent qui furent bien plus grands que nous sommes et dont le savoir dépasse de beaucoup le nôtre, que nous ayons toujours à apprendre en philosophie et dans les choses spirituelles de ces Maîtres du passé qui enseignèrent il y a des milliers d'années, c'est un fait qui ne peut être contesté. Qu'il y ait eu dans le passé des Hommes divins que nous nommons Mahatmas, qu'ils aient laissé le témoignage de leur existence dans cette forte et sublime littérature, voilà le premier point de notre argumentation, savoir, la démonstration de l'existence dans le passé, la preuve que de tels hommes ont vécu et enseigné et que par leur enseignement ils ont guidé et aidé des millions d'êtres humains. Que leur enseignement ait été identique dans ses grandes lignes et dans sa puissance morale, que les vérités spirituelles qu'il énonce aient été transmises sans changement à travers les siècles; voilà ce dont nous pouvons parler avec certitude, jusque-là le sol est ferme sous nos pieds.

Dans cette littérature les affirmations en appellent à l'expérience humaine. Non seulement elles disent que certaines choses existent, mais encore que ces choses peuvent être connues. Elles ne se contentent pas de proclamer la réalité de l'existence de l'âme, elles ajoutent que cette réalité peut être prouvée. De sorte que la caractéristique de cet enseignement est d'exposer certains faits qui demeurent vérifiables en tout temps, fournissant ainsi des preuves constamment accumulées de l'existence réelle de Ceux qui, les premiers, apportèrent au monde ces affirmations.

L'EXPÉRIENCE INDIVIDUELLE

Passons au prochain point de notre démonstration, à savoir que ces témoignages ont été vérifiés par l'expérience et continuent à l'être de nos jours. Prenez, par exemple, un pays comme l'Inde. Vous trouverez là une tradition ininterrompue jusqu'aux temps actuels, tradition qui dit qu'il y a toujours eu des Instructeurs qu'on peut trouver, Instructeurs qui possèdent la connaissance dont il est parlé dans les livres en question, qui peuvent ajouter l'enseignement pratique aux affirmations théoriques et rendre possible la vérification par l'expérience de ce qui est dit être vrai dans la littérature à laquelle j'ai fait allusion. Demandez à n'importe quel Indou de notre temps son opinion sur cette question, s'il n'a pas subi l'influence des idées occidentales et que vous puissiez gagner sa confiance, il vous dira qu'il a toujours existé dans sa patrie la croyance que ces Hommes ont vécu dans le passé et continuent de vivre dans le présent ; qu'Ils se sont retirés de plus en plus des lieux habituellement fréquentés par les hommes ; qu'à mesure que le matérialisme faisait son chemin et que décroissait la spiritualité, il est devenu de plus en plus difficile de les découvrir, mais qu'enfin on peut toujours parvenir jusqu'à Eux à l'occasion et que les premières étapes du Sentier sont ouvertes à qui veut les franchir.

Non seulement cette croyance existe, mais encore vous trouverez dispersés par tout le territoire de l'Inde beaucoup d'hommes qui, sans avoir atteint encore le niveau des Mahatmas, ont gravi certains degrés supérieurs au plan physique et développé en eux-mêmes certains pouvoirs et certaines capacités qui seraient considérées par tout Occidental ordinaire comme impossibles à atteindre. Je ne parle pas en ce moment des Mahatmas, mais des centaines de Yoguis, comme on les appelle, dispersés dans les jungles et les montagnes de l'Inde, dont quelques-uns exercent couramment des pouvoirs remarquables, pouvoirs qui ici sembleraient invraisemblables, mais dont il existe des témoignages toujours plus nombreux venant de la bouche des voyageurs qui recueillent et rapportent les faits qu'ils ont contrôlés par eux-mêmes. Car les premiers degrés du développement de l'homme intérieur ne sont pas si difficiles à gravir et dans un pays comme l'Inde, où l'on n'a pas à surmonter l'obstacle du scepticisme parce que cette croyance y existe depuis des milliers d'années, vous trouverez beaucoup d'hommes exerçant les pouvoirs psychiques inférieurs et quelques-uns qui ont de beaucoup dépassé ce stade et exercent soit les pouvoirs psychiques supérieurs, soit les véritables pouvoirs spirituels de l'homme. Et vous pourrez en trouver qui possèdent l'expérience personnelle, vous pourrez en trouver qui connaissent personnellement des Instructeurs, des Maîtres qui exercent leurs disciples sur le sentier supérieur de ce qu'on appelle la Râja Yoga ou Yoga Royale, c'est-à-dire la Yoga qui tout d'abord exerce le mental plus que le corps et travaille au moyen de la concentration de l'esprit, de la méditation et de l'évolution des facultés mentales supérieures si discutées ici.

Par un système défini entraînement, ces hommes se sont rendus capables d'employer consciemment des pouvoirs de l'esprit permettant à celui qui les possède de sortir des limitations physiques, et, en se libérant du corps, de recevoir un enseignement qu'il peut après apporter à la conscience inférieure et imprimer sur le cerveau physique, de manière à prouver par sa science l'existence réelle de l'enseignement reçu et l'existence de son maître par la connaissance qu'il tient de Lui. Voici donc un nouveau point de notre démonstration rendu évident. Vous m'objecterez avec raison que cette évidence n'est pas accessible à la majorité d'entre vous. Mais vous reconnaîtrez certainement, en êtres raisonnables que vous êtes, que, si vous désirez la connaissance, il vous faut la chercher là où on peut la trouver, et qu'il est aussi absurde de la part de certains hommes qui n'ont jamais fait de recherches à ce sujet, ni même essayé d'en faire, et qui n'ont jamais voyagé, de s'installer ici à Londres dans un cabinet de travail pour écrire sur un sujet qu'ils ne connaissent pas, qu'il serait absurde de la part de quelque Indou ignorant qui ne s'est jamais occupé le moins du monde de vos expériences occidentales, mettons de l'Institut Royal, de déclarer celles-ci absolument impossibles et grotesques, parce que lui-même n'est jamais venu ici et n'a pas eu l'occasion de les voir exécuter. Il vous faut adapter envers le témoignage une attitude rationnelle et, si vous ne pouvez vous-même entrer en contact avec certains faits, avec certaines phases de la vie humaine, il vous faut, ou bien rester ignorants, et vous devez alors garder le silence, ou bien il vous faut accepter le témoignage de ceux qui ont fait des recherches conscientes et vous apportent le résultat de leurs investigations.

COMMENT POUVONS-NOUS TROUVER LES MAÎTRES ?

Ceci m'amène au prochain argument de ma démonstration. Supposons que des Hommes semblables aient existé dans le passé, supposons que nous admettions, comme le fait toute religion pour son propre Fondateur bien qu'elle puisse le contester en ce qui concerne les Fondateurs d'autres religions, supposons, dis-je, que nous admettions que dans le passé des Hommes divins aient vécu et que, croyant à l'immortalité de l'esprit, nous soyons forcés d'admettre qu'Ils existent encore en quelque lieu s'Ils ont jamais existé. La prochaine question qui se posera à nous sera celle-ci : Ces Hommes du passé existent-ils actuellement ? Peut-on arriver jusqu'à Eux ? Est-il possible de les connaître ? Et y en a-t-il d'autres qui aient atteint un degré semblable et dont l'existence puisse être prouvée à l'aide d'arguments au moins vraisemblables ? Existent-ils toujours ?

Ici je vais me servir de l'argument que j'adopterais si j'essayais de vous prouver l'existence d'une personne quelconque, habitant un pays que vous n'ayez pas visité et vivant dans des conditions que vous n'ayez pas expérimentées par vous-mêmes. Je considère comme impossible que cela puisse être démontré dans tous les cas sans exception. Je ne puis pas vous démontrer, par exemple, l'existence du comte Tolstoï. Si vous n'allez pas en Russie, qu'il ne vienne pas ici et que vous n'ayez pas l'occasion de le rencontrer, je ne puis pas vous donner de démonstration absolue de son existence. Mais je puis vous fournir des témoignages susceptibles de convaincre tout homme raisonnable ; je pourrais vous donner des témoignages qui seraient acceptés par n'importe quel tribunal. Je pourrais vous montrer qu'il n'y a pas de raison de nier son existence uniquement parce que vous ne l'avez pas rencontré personnellement et obtenu par là ce qu'on appelle une preuve oculaire de son existence.

H. P. BLAVATSKY

Or quelle est la preuve de l'existence d'Hommes divins, d'Hommes parfaits, vivant actuellement, accessibles dans certaines conditions ?

Quel témoignage puis-je vous offrir de ce fait ? Beaucoup d'entre vous, sans doute, protesteront contre le premier de mes témoins ; mais ce n'est pas cette protestation qui me fera taire son nom, je parle de H. P. Blavatsky. Je connais les attaques qui, de tous côtés, ont été dirigées contre elle. J'ai lu les plus récentes qui, pendant mon absence, ont été lancées contre elle, et en face de ces attaques, après les avoir lues et soigneusement lues, je dis qu'il reste suffisamment de preuves fournies par elle et que ces attaques n'affaiblissent en rien, preuves assez convaincantes pour être soumises à votre examen et pour obtenir l'assentiment d'hommes raisonnables. H. P. Blavatsky est accusée de mensonge, accusée de mauvaise conduite, accusée de n'être rien de plus qu'un escroc, un charlatan et un imposteur ; mais certains faits demeurent, avec lesquels vous serez forcés de compter même si vous croyez, ce que je ne fais pas, en la véracité des accusations exagérées portées contre elle. Admettez pour un moment — ce que je nie d'ailleurs — mais admettez si vous le voulez l'une des pires parmi ces accusations ; qu'elle n'ait eu aucune espèce de contact avec les Mahatmas, qu'elle les ait inventés, qu'ils n'aient pas existé hors de son imagination et que tout ce qu'elle a fait ait été fausseté, que chacun de ses actes et chacune de ses paroles aient été inspirés par l'intention de tromper. Il vous faut tout de même prendre acte des faits de sa vie et de ceux contenus dans ses livres.

LA DOCTRINE SECRÈTE

Il vous faut compter avec le livre connu sous le nom de *Doctrine Secrète*, et si vous voulez le comprendre, il faut le lire avant de le mettre de côté et l'étudier avant d'en rire. Je dis cela intentionnelle-

ment parce que j'ai lu l'Appendice dans lequel M.
Coleman dit que cette œuvre est pleine de plagiats
et qu'il peut prouver en maints endroits que l'auteur
a puisé son savoir dans d'autres livres ; il ajoute que
c'est ainsi que s'expliquerait le savoir qui y est ren-
fermé. Mais ce qu'il vous faut considérer est ceci,
c'est qu'elle n'a jamais prétendu avoir découvert la
connaissance qu'elle apportait au monde, que sa
théorie est que cette sagesse remonte à un passé
immémorial et peut être trouvée dans tout livre
sacré, dans toute philosophie, et que l'objet même
de cet ouvrage est de faire des citations prises de
partout, des Écritures de toutes les religions, des
écrits de tous les peuples, pour prouver l'identité
de l'enseignement et l'antiquité de la doctrine. Ce
qui est nouveau dans ce livre ce n'est pas les faits
qu'il renferme. Ce qu'il y a de nouveau dans ce livre ce n'est pas ce que les orientalistes y ont trouvé
et qui peut être retrouvé dans l'un ou l'autre des
livres sacrés du monde. Ce qui est nouveau c'est la
perception qui a permis à l'auteur de choisir parmi
tous ceux-ci les faits qui composent la conception
unique et puissante de l'évolution de l'univers, de
l'évolution de l'homme, la synthèse cohérente de
toute la cosmogonie. Ce qui lui mérite le titre de
plus grand Instructeur de notre temps c'est d'avoir

possédé le savoir véritable et non la science que donnent les livres, savoir qui lui a permis de récolter dans les livres où elles étaient dispersées les vérités qui, assemblées, forment un tout grandiose. C'est d'avoir possédé le fil conducteur et d'avoir pu le suivre avec une exactitude sans défaillance à travers le labyrinthe et d'avoir montré que tous les matériaux épars recélaient en eux-mêmes la possibilité de l'édifice unique.

Et son œuvre est d'autant plus admirable du fait qu'elle la produisit sans être une savante ; parce qu'elle la fit sans avoir eu l'éducation qui lui eût, jusqu'à un certain point, permis de composer cette sagesse de pièces et de morceaux, parce qu'elle fit ce que nul orientaliste n'a fait avec toute sa science, ce que tous les orientalistes réunis et aidés de leur connaissance des langues orientales et de la littérature de l'Orient n'ont pas fait. Il n'y en a pas un parmi eux qui eût tiré de cette masse confuse une synthèse puissante, pas un qui, de ce chaos, eût été capable d'édifier un monde. Mais cette femme russe, d'éducation moyenne, cette femme russe, qui n'était pas une érudite et ne prétendait pas en être une, dut par un moyen quelconque acquérir une érudition qui lui permit de faire ce qu'aucun de vos érudits ne peut faire ; par une voie quelconque, elle reçut un enseignement qui lui permit d'organiser ce chaos et de mettre sur pied un plan grandiose d'évolution qui nous rend compréhensibles l'univers et l'homme. Elle disait que cette sagesse ne lui appartenait pas, elle ne prétendit jamais l'avoir créée ; elle parlait sans cesse de son manque de savoir et se référait à Ceux qui lui donnaient l'enseignement. Mais le fait auquel vous avez affaire est celui-ci : la science est là et s'offre à la critique. Il n'est pas une autre personne qui ait produit la même chose quoique les mêmes matériaux dont elle s'est servie, suivant M. Coleman, soient à la disposition du monde entier.

Et voici ma réponse : donnez-nous d'autres écrivains qui puissent faire comme elle. Donnez-nous encore de ces plagiaires capables de recueillir à tant de sources différentes ce qui est nécessaire pour construire une philosophie puissante. Que ce soit là l'œuvre de vos savants tant vantés et qu'ils nous aident comme elle à comprendre les religions du monde. Qu'ils nous montrent leur identité, qu'ils nous montrent leur réalité et peut-être après cela modifierons-nous l'opinion que nous avons d'elle ; mais jusqu'à ce que cela soit accompli ses droits demeurent entiers, quand même vous arriveriez à prouver qu'elle a pu errer en maintes occasions, quand même ceux-là qui ne peuvent rivaliser avec elle d'altruisme, d'abnégation de soi-même et de savoir, voudraient la lapider. La raison qui fait que notre foi en elle demeure inébranlable est qu'elle nous a guidés vers le savoir, que par son enseignement nous avons acquis ce que nul autre n'a pu nous donner, qu'elle nous a ouvert la voie vers l'acquisition de plus de connaissance dans le même ordre d'idées et par l'entremise des mêmes Instructeurs qui l'instruisirent elle-même. Voilà pourquoi nous sommes assez sots, à ce que pensent les gens, pour lui rester fidèles, à elle et à sa mémoire, car nous avons contracté envers elle une dette de reconnaissance telle que nous ne serons jamais à même de l'acquitter, et jamais une pierre ne sera lancée sur sa tombe que je n'essaie de l'en faire disparaître, pour l'amour du savoir vers lequel elle m'a conduite et le don inappréciable qu'elle me fit par l'enseignement qu'elle créa.

Le témoignage que je vous demande de recueillir d'elle n'est pas celui des phénomènes. Celui-là je le mets à part. Ce n'est pas non plus celui de l'érudition, elle n'en avait pas et ne s'en est jamais réclamée. Ce n'est pas enfin de décider si sa vie depuis son enfance fut un modèle de perfection. C'est qu'elle possédait un savoir défini, acquis d'une manière quelconque, et qui ne peut être attribué à une éducation ordinaire, qu'elle se l'assimila en une période de temps relativement courte, étonnant sa propre famille quand elle le produisit pour la première fois, et qu'elle disait le tenir de certains Instructeurs, le fait important étant qu'elle possédait cette connaissance, de quelque manière qu'elle se la fût appropriée. Voilà la preuve que je désire mettre en relief, parce que c'est un point qui ne peut être contesté et qui pour le moment dégage son témoignage de toute la question de supercherie. Il reste au-dessus et au-delà de cette question. Je prétends que même si vous trouviez convaincant le témoignage employé contre elle qu'elle alla quelquefois au-delà de la vérité (je ne dis pas que je croie qu'il en soit ainsi mais supposons que vous en soyez convaincus) cela n'y changerait rien. Le fait demeure de cette science incarnée dans la *Doctrine Secrète* qui lui sert de témoin qu'on ne peut, j'ose le dire, récuser, et plus vous abaissez l'auteur, moins vous l'estimez, plus vous prouvez l'existence des grands Êtres et exaltez Ceux dont elle fut l'instrument et qui lui donnèrent ce qu'elle produisit.

LA VOIX DU SILENCE

À présent, il est une autre question à propos d'un autre de ses livres qui m'intéresse tout particulièrement. C'est un livre que vous connaissez peut-être : *la Voix du Silence*. Il se trouva qu'elle écrivit ce livre justement pendant que j'étais avec elle à Fontainebleau. C'est un petit livre et ce que j'en vais dire se rapporte uniquement au livre et non aux notes ; celles-ci furent écrites plus tard. Le livre en lui-même est ce qu'on peut appeler un poème en prose divisé en trois parties. Elle l'écrivit à Fontainebleau et, pour la plus grande part, pendant que j'étais avec elle, me tenant dans la chambre pendant qu'elle l'écrivait. Je sais qu'elle le composa sans consulter aucun livre mais écrivant heure après heure sans interruption, exactement comme si elle le transcrivait de mémoire ou d'un livre invisible où elle aurait lu. Elle montra dans la soirée ce manuscrit que je lui avais vu écrire pendant que nous étions ensemble et me demanda ainsi qu'à d'autres personnes d'en corriger la forme anglaise, car elle l'avait écrit si vite, disait-elle, qu'elle était sûrement défectueuse. Nous n'y changeâmes que quelques mots et ce livre demeure un chef-d'œuvre de merveilleuse beauté littéraire auquel rien ne peut être comparé. Or M. Coleman dit pouvoir trouver la même chose dans beaucoup d'autres livres. Je ne peux que souhaiter qu'il n'ait pas lu le livre avant de faire cette déclaration. Car c'est, comme je l'ai dit, un poème en prose, plein d'inspiration spirituelle, de nourriture pour le cœur, qui stimule les vertus les plus sublimes et contient les idéals les plus nobles. Ce n'est pas un pot-pourri tiré à des sources diverses, mais un tout cohérent dans sa beauté. Il nous émeut, non par l'énoncé de faits recueillis dans les livres, mais par son appel aux instincts les plus divins de notre nature. Il est à lui-même son meilleur témoignage de la source d'où il jaillit.

CONNAISSANCE PERSONNELLE

Passons à présent de Mme Blavatsky elle-même à ceux qu'elle instruisit. Notre président est l'un de ceux-là. Beaucoup d'autres vivent ici et ailleurs qu'elle commença d'instruire et qui passèrent ensuite de sa discipline à celle de ses Instructeurs. Voici donc des témoignages accumulés venant d'hommes et de femmes qui, de leur propre autorité, par des témoignages directs basés sur leur expérience personnelle, attestent la réalité de l'existence de ces Instructeurs, la connaissance personnelle qu'ils ont d'Eux et la réalité de l'enseignement qu'ils ont reçu d'Eux.

J'ai déposé la semaine passée dans deux de vos journaux une faible partie de mon propre témoignage. M. Sinnett, aujourd'hui, dans son discours d'ouverture a fait allusion à une certitude s'étendant dans son cas à une période de plus de quinze années. Beaucoup d'autres ont fait de même, comme la comtesse Wachtmeister, le colonel Olcott et d'autres qui ont donné leur propre témoignage individuel. Est-ce à dire qu'ils sont tous des fripons ? De quel droit les condamneriez-vous de la sorte ? Ou direz-vous que ce sont tous des sots ? Mais ce sont des hommes et des femmes menant une vie normale, des êtres qui, aux yeux de ceux qui les connaissent, passent pour des personnes douées d'éducation et d'intelligence et possédant les mêmes facultés de discernement et de savoir que les autres. Va-t-on dire que nous sommes tous fous ? C'est porter un jugement plutôt téméraire sur un nombre toujours croissant d'hommes et de femmes en apparence raisonnables. Quel témoignage autre pouvez-vous désirer de l'existence de qui que ce soit que celui de ceux qui le connaissent, de

gens honorables et intègres qui vivent parmi vous ?
Nous donnons à ces grands Êtres notre témoignage personnel, fondé, non sur des documents, non
sur des écrits, non sur de simples lettres et autres
choses de ce genre prêtant toujours à quelque possibilité de supercherie, mais bien sur une commu-
nion individuelle avec des Instructeurs individuels,
et sur un enseignement reçu que nous n'eussions
pu acquérir d'autre façon. Voilà le genre de certitude auquel vous avez affaire et le fait d'établir la
supercherie pratiquée par deux ou trois personnes
ne détruira pas le témoignage toujours grandissant
de gens raisonnables qui entrent en rapport avec
ces Instructeurs et certifient ce qu'ils savent par
eux-mêmes. Voilà le genre de certitude avec lequel
vous devez vous mesurer, voilà le genre de témoignages qu'il vous faut récuser. Et quelque plaisir
que vous puissiez prendre à la lecture d'un écrit
habile et bien tourné qui prend avantage de la supercherie d'une seule personne pour discréditer la
masse, vous ne pouvez pas plus discréditer cette
masse de témoignages en prouvant la mauvaise foi
d'un homme que vous ne pouvez mettre en doute,
mettons l'authenticité de la monnaie vraie parce
que dans une société un faux monnayeur fait cir-
culer de la fausse monnaie et que pendant un cer-

tain temps le public peut s'y tromper et la laisser passer.

Mais vous pouvez dire : "Nous demandons à acquérir personnellement une certitude directe." Vous pouvez vous la procurer mais il vous faut employer le bon moyen. Vous pouvez acquérir une certitude équivalant pour vous à une démonstration si vous voulez bien en prendre la peine, si vous consentez à y consacrer le temps voulu. Cette condition n'a rien de déraisonnable. Si vous désirez vérifier par vous-mêmes les expériences de quelque grand chimiste, suffira-t-il que vous entriez dans un laboratoire et que vous mélangiez les produits qui s'y trouvent ? Si vous voulez vérifier quelqu'une des plus récentes expériences de chimie, croyez-vous pouvoir le faire sans consacrer des années de peine et d'étude à passer maîtres en cette science qui doit servir de base à votre expérience critique ? Et quelle valeur attacheriez-vous à la critique d'une personne absolument ignorante en chimie, qui dirait qu'une expérience ne peut réussir, uniquement parce qu'elle-même serait incapable de la mener à bien sans étude et sans savoir ?

LE CHEMIN DE L'ADEPTAT

C'est pourquoi je vous ai promis de vous décrire l'évolution du Mahatma. Car ceux-là seuls qui sont décidés à viser ce but peuvent recevoir la démonstration absolue de l'existence de Ceux qui l'ont atteint. Tel est le prix qu'il faut y mettre. Hors de cela, il ne reste que des probabilités, probabilités vraisemblables en vérité telles que le témoignage d'autres personnes dont vous vous contenteriez en d'autres matières et sur la foi desquelles vous transfèreriez en justice des sommes d'argent considérables, d'importantes propriétés ou toute autre chose, probabilités qui s'offrent à vous à l'examen de la certitude existante dont je n'ai donné ici qu'un aperçu. Mais pour arriver à la démonstration personnelle, il faut commencer à orienter votre développement dans le sens où le Leur s'est accompli ; et, afin que tout homme qui le désire puisse commencer à suivre cette voie et la poursuivre jusqu'à son point d'arrivée naturel, les degrés préliminaires du Sentier ont été révélés au monde, degrés que gravissent ceux qui atteignent la sagesse, degrés que chacun peut commencer à gravir et grâce auxquels il peut à son tour acquérir une certitude semblable à celle que quelques-uns d'entre nous possèdent. Deux petits livres, en particulier, ont été publiés qui décrivent l'entrée du Sentier, l'un se nomme *la Lumière sur le Sentier*, l'autre, celui dont j'ai parlé plus haut : *la Voix du Silence ;* et de plus, il y a, éparses dans la littérature théosophique, beaucoup d'indications qui deviennent de plus en plus nombreuses, à mesure qu'avec le temps l'expérience individuelle des disciples s'accroît. Comment doivent donc commencer les hommes ordinaires ? S'ils désirent se procurer à eux-mêmes une certitude, quant à la possibilité de ce développement qui, lorsqu'il sera terminé, aboutira à l'Homme parfait — l'homme devenu divin — les premiers pas à faire seront ceux qu'enseigne toute religion : vivre avec attention et sans égoïsme, accomplir le devoir, quelque place dans le monde qu'on occupe. Pour employer la phrase du livre : "Suis la roue du devoir envers race et famille, ami et ennemi" (*Voix du Silence*), car ceux qui veulent acquérir la Science de l'âme doivent commencer ainsi, comme il a toujours été enseigné, par renoncer à la loi mauvaise et par suivre la bonne ; par la pureté de la vie, le service de l'humanité, l'effort dépouillé d'égoïsme et sans cesse répété en vue de se rendre utiles en quelque endroit qu'ils aient été placés par la loi de la nature. L'effort qui tend à s'acquitter le plus complètement possible de toute obligation, à vivre une vie qui laisse le monde meilleur qu'ils ne l'ont trouvé, à vivre noblement, sans égoïsme et purement est une condition imposée à ceux qui veulent trouver le Sentier.

RÉINCARNATION

Et à présent laissez-moi vous dire qu'à moins que la réincarnation ne soit une réalité, ce développement n'est pas possible. Ce Sentier ne peut être parcouru en une seule vie humaine ; ces divines facultés ne peuvent être développées dans une âme-enfant. À moins qu'il ne soit vrai que l'âme de l'homme revienne sur terre vie après vie, apportant avec elle dans chaque existence nouvelle l'expérience des vies antérieures, construisant vie après vie, et de plus en plus haut, l'édifice du caractère, en vérité le Mahatma devient une impossibilité et la perfection humaine n'est que le rêve d'un poète. Dans tout cet enseignement la réincarnation est supposée admise comme un fait fondamental de la nature d'où dépend la possibilité de la perfection individuelle.

VIVEZ NOBLEMENT

Avant tout, donc, l'homme s'appliquera à travers de nombreuses vies à vivre bien, utilement et noblement ; afin que, vie après vie, il puisse revenir avec des qualités de plus en plus hautes et des facultés de plus en plus nobles. Puis il arrive à un stade marqué et défini de l'évolution humaine où l'âme, après avoir longtemps lutté pour s'élever, parvient à dépasser un peu l'évolution humaine ordinaire.

Il y a des êtres dépourvus d'égoïsme à un point exceptionnel, qui montrent des facultés, une intuition, un amour exceptionnels pour les choses spirituelles, un dévouement exceptionnel aussi, au service de l'humanité. Lorsque ces qualités d'exception commencent à se manifester le moment vient où l'un des grands Instructeurs prend cette personne en main individuellement afin de guider son évolution ultérieure et d'exercer son âme en devenir. Les premiers efforts doivent être faits de concert avec les grandes forces spirituelles répandues à travers le monde entier. Mais lorsque celles-ci ont été utilisées, lorsque l'homme a fait, pour ainsi dire, de son mieux dans cette direction de croissance spirituelle d'ordre général, il arrive au stade où paraît l'Instructeur pour le guider dans

la suite de l'évolution et certaines conditions sont
alors posées à la continuation de cette évolution.
Celles-ci sont exposées dans les livres dont j'ai
parlé. Résumées en une phrase ou plutôt en deux,
elles pourraient être appelées : la connaissance de
la non-séparativité, ce que je vais expliquer tout à
l'heure, et la rigide discipline du soi. D'une part,
non-séparativité, de l'autre discipline personnelle.
Or, non-séparativité est un mot technique qui signifie que l'on est intimement convaincu de son
unité fondamentale avec tout ce qui vit et respire,
que l'on ne s'isole d'aucun être vivant, que l'on ne se
sent séparé ni du pécheur, ni du saint, ni du mem-
bre le plus élevé, ni du plus bas de l'humanité, non
pas même des formes inférieures, des choses vi-
vantes ni de celles appelées inertes que l'on reconnaît former un seul tout dans leur essence et n'être
qu'un avec son Soi le plus intime. Comment cela
se manifeste-t-il ? Par l'effort volontaire et entraînement délibéré vers l'identification de soi-même
avec les souffrances, avec les sentiments, avec les
désirs de l'humanité.

Il est dit : "Laisse ton âme prêter l'oreille à tout
cri de douleur comme le lotus met son cœur à nu
pour boire le soleil matinal. Ne permets pas à l'ardent soleil de sécher une seule larme de souffrance,

avant que tu n'aies toi-même essuyé les yeux affli-
gés. Mais laisse toute larme humaine tomber brû-
lante sur ton cœur et y rester, et ne l'efface jamais
avant que soit disparue la douleur qui l'a causée
(*La Voix du Silence*)."

Voici la première note donnée. Va vers celui
qui souffre et soulage sa douleur, mais en la soula-
geant, laisse-la torturer ton propre cœur et qu'elle
y demeure comme une peine constante tant que la
cause de cette douleur n'aura pas été écartée. C'est
le premier degré de la non-séparativité. Identifiez-
vous avec les douleurs et les joies du monde, que
tout chagrin humain soit votre chagrin, toute
souffrance, votre souffrance, toute joie, votre joie.
Votre cœur, vous dit-on, doit répondre à tout fris-
son d'un autre cœur comme la corde qui vibre au
diapason de la note musicale selon laquelle elle est
accordée.

Il vous faut ressentir la souffrance et l'angoisse,
que dis-je, ressentir le péché et la honte comme
votre propre péché et votre propre honte, les in-
corporer à votre conscience et ne jamais chercher
à vous en débarrasser. Il faut vous entraîner à une
sensitivité capable de vibrer à toute souffrance humaine et il faut la manifester par vos actes autant
que par vos sentiments, car il est dit : "L'omission

d'un acte de pitié devient une commission de péché Mortel." [3]

Mais il ne suffit pas que vous ressentiez effec-
tivement la souffrance du monde et que vous la
fassiez vôtre ; il vous faut être aussi durs pour vous-
mêmes que vous êtes tendres pour ceux qui vous
entourent. Vous n'avez pas de temps à consacrer
à vos peines personnelles si vous devez faire vôtre
toute la peine de l'humanité ; vous n'avez pas de
forces à dépenser en lamentations sur vos propres
chagrins si vous devez vous identifier avec tous les
chagrins du monde. Et c'est pourquoi il est dit qu'il
faut que vous soyez aussi durs envers vos propres
douleurs et vos tristesses personnelles que le noyau
du fruit du manguier, tandis que vous serez aussi
tendres que sa pulpe aux douleurs et aux tristesses
des autres.

FRATERNITÉ

C'est ainsi que vous devrez vous exercer vie
après vie à vous identifier de plus en plus avec tous
les êtres, à briser toutes les barrières qui séparent

3   *La Voix du Silence.*

l'homme des autres hommes. Voilà pourquoi la fraternité est la seule condition que nous imposions parce que le fait d'en reconnaître le principe est le premier pas vers cette constatation de la non-séparativité qui est nécessaire au progrès du disciple. Le système défini entraînement auquel est soumis le disciple le rend sensible aux douleurs de tous afin que, les ressentant, il s'empresse à les soulager, et il l'entraîne à cette identification du soi avec tous qui doit faire de lui finalement l'un des Sauveurs du monde. Car à mesure que cet entraînement se déroule de vie en vie, il développe graduellement en l'être humain une sympathie toujours croissante, une compassion toujours plus profonde, une charité que rien ne peut troubler et une tolérance inébranlable. Nulle offense ne peut être ressentie car le chagrin est éprouvé pour l'offenseur et non à cause du coup reçu ; nulle colère ne peut être provoquée par un tort quelconque, car vous comprenez la cause qui a fait commettre ce tort et vous êtes peiné pour son auteur, il ne vous reste pas de temps pour la colère. Vous n'excuserez pas le mal, vous ne direz pas que le mal est un bien, vous ne prétendrez pas que le bien est un mal, car cela serait de la dernière cruauté et rendrait impossible le progrès de la race. Mais, tout en constatant le mal, vous n'éprouverez aucune colère contre son auteur car il ne fait qu'un avec votre propre âme et vous ne ressentez rien qui vous sépare de lui.

Pourquoi tout ceci ? Parce que, à mesure que cette croissance s'effectue, la mémoire et la sagesse grandissent elles aussi ; parce que, tandis que ce progrès s'effectue, la vie spirituelle grandissante du disciple devient de plus en plus apparente aux yeux des hommes, et que finalement il sera désigné comme un travailleur dévoué à la cause de l'homme, un aide de bonne volonté et un ouvrier assidu à la tâche de l'humanité, travaillant pour elle à diminuer son ignorance, à lui apporter la sagesse et à lui montrer la réalité cachée derrière toutes les illusions du monde. Il lui faut être dur envers lui-même car il doit se placer entre le mal et l'homme, il doit se tenir entre ses frères plus faibles et les forces noires qui sans lui pourraient les écraser. On peut ajouter, pour illustrer ce qui vient d'être dit sur ce que doit être le disciple, qu'il doit être comme un astre qui donne à tous la clarté et n'en emprunte à personne ; comme la neige qui intercepte le froid et la morsure du vent, pour permettre aux semences qu'elle recouvre de dormir à l'abri du froid et de pouvoir germer quand viendra la saison de la croissance. Tel est entraînement auquel les divins

Instructeurs demandent qu'on se soumette ; voilà
ce qu'ils réclament de ceux qui désirent devenir
disciples. C'est l'essai qu'ils exigent tout d'abord
et non l'accomplissement, l'effort pour commencer et non la perfection ; non certes la réalisation
de l'idéal mais sa poursuite malgré les chutes et
en dépit des erreurs. Et, je vous le demande, est-il
vraisemblable que ceux d'entre nous qui se repré-
sentent clairement cet idéal et qui savent que c'est
cela que nos Instructeurs nous demandent, agis-
sent en ennemis de la société et soient autre chose
que des serviteurs de l'humanité par obéissance
pour Ceux dont ils aspirent à suivre la loi ?

Enfin, comme je l'ai dit, le moment arrive où
les faiblesses humaines sont rejetées, où la fragi-
lité de la nature humaine se trouve avoir été peu
à peu surmontée, où une compassion que rien ne
peut ébranler, une pureté que rien ne peut souiller,
une science puissante et une spiritualité capable
de faire sentir son influence, où toutes ces qualités deviennent les caractéristiques du disciple qui
approche du seuil de la libération jusqu'à ce que
luise le jour où la course sur ce sentier prend fin,
l'instant où l'apprentissage du disciple est terminé
et où se présente à ses yeux le degré le plus sublime que puisse atteindre l'Homme parfait. Alors,

pour un instant, la terre s'efface, si l'on peut dire, à l'arrière-plan ; le disciple, l'Âme libérée comme on l'appelle, l'âme qui a conquis sa liberté et s'est affranchie des limitations humaines, se dresse au seuil du Nirvana, de cet état de conscience parfaite et de béatitude qui dépasse les conceptions de la pensée humaine, qui dépasse ce que peut ressentir notre conscience limitée. À cet instant, on nous dit que tout fait silence : silence de la Nature que l'un de ses enfants est en train de dépasser, silence que rien n'interrompt pour un temps, quand l'âme a consommé sa libération.

Silence partout, mais une voix vient le rompre, voix qui exprime en un cri unique toute la détresse du monde laissé en arrière, le cri que pousse l'univers du fond de ses ténèbres, de sa misère, de sa famine spirituelle, de abîme de dégradation morale où il est plongé. Et, dans le silence qui entoure l'âme libérée, ce cri qui s'élève est le cri de détresse de la race humaine vers l'âme qui a dépassé ses sœurs, vers l'âme qui est libre tandis que les autres demeurent enchaînées.

LE SENTIMENT DE L'UNITÉ

Comment le disciple pourrait-il continuer sa route ? Vie après vie, il a appris à s'identifier avec les hommes, vie après vie, il a appris à répondre à tout cri de douleur. Pourra-t-il avancer librement tandis que d'autres restent captifs ? Pourra-t-il se plonger dans la béatitude tandis que l'univers souffre ? Celui que nous nommons Mahatma est l'Âme libérée qui a le droit de passer outre, mais qui, pour l'amour de l'humanité, revient sur ses pas, offre son savoir pour aider l'ignorance, sa pureté pour purifier l'opprobre, sa lumière pour chasser les ténèbres, et qui reprend le fardeau de la chair jusqu'à ce que toute la race humaine soit libérée comme lui et qu'il puisse s'avancer, non pas seul, mais comme père d'une famille imposante, amenant avec lui l'humanité pour toucher ensemble le but commun et partager la commune béatitude en Nirvana. Voilà ce qu'est le Mahatma. Il couronne tant de vies d'efforts par le suprême renoncement, il revient sur ses pas et la perfection obtenue par le travail et la lutte, il l'emploie à aider les autres à atteindre le degré où il est parvenu. Sa main est prête à secourir tout être qui tend vers lui les bras. Son cœur répond au cri de chacun de ses frères en humanité qui implore son aide. Tous Ils attendent, enfin, que nous voulions bien être instruits et leur donner l'occasion de nous aider, à Eux qui pour nous l'assurer ont renoncé au Nirvana.

IDÉAL SUBLIME

Est-ce là un idéal qui prête au rire, à la raillerie, qui doive être tourné en dérision ? Si ce n'est qu'un rêve c'est le plus noble rêve qu'ait fait l'humanité ; c'est l'idéal le plus fécond en inspiration et en renoncement. Pour quelques-uns c'est un fait, un fait plus réel que la vie. Pour ceux aux yeux desquels ce n'est pas un fait, cela peut être un idéal, idéal de sacrifice, de sagesse et d'amour. Quelques-uns d'entre nous savent que de tels Hommes existent. Mais quand bien même vous ne croiriez pas en Eux, il n'y a rien dans cet idéal qui ne soit noble et dont la pensée ne puisse vous élever de plus en plus vers la lumière. Le chrétien possède le même idéal en la personne du Christ, le bouddhiste en celle du Bouddha. Chaque religion place son idéal en l'Homme qu'elle considère comme divin. Et nous rendons à chaque religion le témoignage que son idéal est vrai et non faux, son Instructeur, une réa-

lité et non un rêve ; car le Maître est la réalisation
de ce que laisse espérer le disciple, la réalisation
de l'idéal que nous adorons. Pour certains d'entre
nous ces Divins Instructeurs dont nous connais-
sons l'existence sont une source d'inspiration jour-
nalière. Nous ne pouvons entrer en contact avec
Eux qu'en nous efforçant de nous purifier. Nous ne
pouvons en apprendre plus long qu'en mettant en
pratique ce qu'ils ont déjà enseigné. Si j'ai parlé ici
ce soir d'abord du point de vue théorique, puis du
point de vue historique, puis du témoignage que
nous vous fournissons dans le présent et enfin des
étapes que chacun peut parcourir s'il le veut, c'est
parce que je veux dégager cet idéal de tout le ridicule dont il a été accablé, de toute la boue dont
on l'a couvert, de toutes les querelles, de toutes les
disputes dont on l'a entouré. Blâmez-nous si vous
le voulez, mais ne touchez pas à ce noble idéal de
perfection humaine. Riez de nous, si vous le voulez,
mais ne riez pas de l'Homme parfait, de l'Homme
fait Dieu, en qui, à tout prendre, croient la plupart
d'entre vous. Vous qui êtes Chrétiens, ne soyez pas
traîtres à votre religion, et ne faites pas de votre
Christ une question de dogme au lieu d'une réalité
vivante que beaucoup d'entre vous savent qu'il est
aujourd'hui. Rappelez-vous que, quel que soit le

nom, l'idéal reste le même ; quel que soit le titre, la pensée qu'il recouvre est identique.

Votre développement suivra votre pensée, vos vies deviendront peu à peu conformes à vos idéals. Car tel est le pouvoir de transformation qui réside dans la pensée que si votre idéal est vil, votre vie le sera également, si votre idéal est matériel, matérielle sera votre vie. Adoptez donc cet idéal et pensez-y et vos vies seront pénétrées de sa pureté ; vous deviendrez des hommes plus nobles parce qu'il sera le sujet de vos pensées et que vos pensées vous transforment à leur propre image. Il est vrai que les hommes ressemblent à ce qu'ils adorent, il est vrai qu'ils ressemblent à ce à quoi ils pensent. Quant à cet idéal de l'Homme parfait, il contient l'espérance de l'avenir de la race. C'est pourquoi je prends sa défense devant vous aujourd'hui et je vous montre le Sentier grâce auquel il peut d'un idéal devenir une réalité vivante, transformant ainsi un simple espoir en un vivant Instructeur et l'idéal éthéré auquel vous aspirez en un Ami et un Maître auquel vous pouvez consacrer votre vie.

LES ADEPTES

QU'EST-CE QUE LE MAÎTRE ?

Parmi les questions auxquelles la Théosophie donne naissance, aucune peut-être n'éveille plus d'intérêt et ne provoque plus d'interrogations que celle des Maîtres Que désigne ce terme ? Qui sont-Ils ? Où demeurent-Ils ? Que font-Ils ? On a constamment l'occasion d'entendre poser ces questions et beaucoup d'autres. Je vais essayer de projeter un peu de lumière sur ces questions et d'y répondre au moins partiellement.

Le terme de Maître est appliqué par les théosophes à certains êtres humains qui ont achevé leur évolution humaine, qui sont arrivés à la perfection humaine, qui n'ont plus rien à apprendre en ce qui concerne notre partie du système solaire, qui, enfin, ont atteint ce que les chrétiens appellent le salut éternel et les Indous et les bouddhistes la libération.

Du temps où l'Église chrétienne détenait encore dans sa plénitude la "Foi donnée jadis aux Saints" le salut signifiait bien plus que le fait d'échapper à la damnation éternelle. Il signifiait la délivrance de l'obligation de se réincarner, la garantie contre toute possibilité d'un échec dans l'évolution. À celui qui surmonte les obstacles était faite la promesse qu'il serait : "un pilier dans le Temple de mon Dieu, et qu'il n'en sortirait plus". Celui qui avait surmonté les obstacles était "sauvé".

La conception de l'état de Maître sous-entend celle de l'évolution impliquant une expansion graduelle de la conscience incarnée dans des formes matérielles toujours plus parfaites. La perfection qu'elle indique doit être atteinte par tout être humain et il est clair que cette perfection ne peut être atteinte en une seule et brève vie humaine. On ne peut concilier avec la justice divine les différences qui séparent les hommes, le génie du sot, le saint du criminel, l'athlète de l'infirme, qu'en croyant que tout être humain est en cours de développement, parti de l'état le plus sauvage pour aboutir au plus noble et que ces différences ne sont que les signes indiquant les stades divers de cette croissance. Au sommet d'une si longue évolution se tient le Maître, incarnation des résultats les plus

transcendants que puisse atteindre l'homme en son
développement intellectuel, moral et spirituel. Il a
appris toutes les leçons que peut assimiler l'humanité; et la somme de toute l'expérience que peut
donner le monde est sienne. Au-delà du point qu'il
a atteint l'évolution est suprahumaine. Si le vain-
queur retourne à la vie terrestre, c'est de son propre
gré car ni la vie ne peut le saisir ni la mort ne peut
l'effleurer sans son consentement.

Il nous faut ajouter une indication encore pour
rendre complète la compréhension de l'état de
Maître Le Maître doit vivre dans un corps humain,
il doit être incarné. Un grand nombre de Ceux qui
atteignent ce niveau ne se soumettent plus au fardeau de la vie charnelle, et, ne faisant usage que
du corps spirituel, interrompent leur contact avec
cette terre et passent à un mode d'existence plus
éthéré. De plus, un Maître, comme son nom l'indique, accepte des élèves, et, strictement, ce terme ne
devrait s'appliquer qu'à Ceux qui s'acquittent spé-
cialement de la mission d'aider des êtres humains
moins avancés à gravir la route abrupte qui les mè-
nera, par un raccourci, au sommet de l'évolution
humaine, bien avant la foule de leurs semblables.

On a comparé l'évolution à une route qui
contourne en lacets les flancs d'une montagne

qu'elle gravit en une longue spirale le long de laquelle l'humanité avance lentement ; il y a un sentier qui mène en droite ligne au sommet mais il est étroit, rocailleux et abrupt et peu nombreux sont ceux qui le découvrent. Ce petit nombre est formé des élèves ou disciples du Maître Comme au temps du Christ ils doivent "tout quitter pour le suivre". Ceux qui sont à ce même niveau mais ne prennent pas d'élèves, sont occupés d'autre part au service du monde et nous allons en dire quelques mots. Il n'existe pas en anglais de mot pour les distinguer des Instructeurs, on est donc forcé de leur appliquer le même terme de Maîtres Dans l'Inde, où ces diverses fonctions sont connues de par des traditions très anciennes, il y a des noms différents pour les désigner, mais il serait difficile d'en populariser l'emploi en anglais. Nous adopterons donc la définition suivante d'un Maître : c'est un être humain qui s'est perfectionné au plus haut degré et n'a plus rien à apprendre sur terre, et qui vit dans un corps physique, sur terre, pour aider l'humanité ; qui accepte des élèves désirant évoluer plus rapidement que l'ensemble de leur race pour lui venir en aide, et sont prêts à tout sacrifier à cet objet.

L'HOMME PARFAIT : SA PLACE DANS L'ÉVOLUTION

Peut-être devons-nous ajouter pour la gouverne de ceux auxquels la conception théosophique de l'évolution n'est pas familière que lorsque nous disons : un Homme parfait nous voulons dire bien plus que ce qu'on entend généralement par cette expression. Nous parlons d'un état de conscience capable de fonctionner sans solution de continuité à travers les cinq grandes sphères où l'évolution est en action : soient les mondes physique, intermédiaire et céleste avec lesquels tous les hommes se trouvent actuellement en corrélation, plus deux cieux plus élevés (rappelons-nous que saint Paul a parlé du troisième ciel) où l'humanité ne peut encore pénétrer.

La conscience d'un Maître est à l'aise dans tous ces mondes et les contient tous, et ses corps éthérés et subtils y fonctionnent librement, de sorte qu'il peut à tout instant connaître et agir à volonté dans une région quelconque de l'un quelconque d'entre eux. Le rang qu'occupent les Maîtres est le cinquième de la grande Fraternité dont les membres ont devancé l'évolution normale. Les quatre degrés inférieurs sont occupés par des disciples initiés qui vivent et travaillent, inconnus pour la plupart, dans le monde d'ici-bas, exécutant la tâche qui leur est assignée par leurs supérieurs. À certains moments de l'histoire de l'humanité, aux époques de crises graves, de transition d'un type de civilisation à un autre, des membres de la Hiérarchie occulte, des Maîtres et même des Êtres d'un rang encore plus élevé, paraissent dans le monde. En temps normal, bien qu'incarnés dans des corps humains, ils demeurent en des lieux retirés et inaccessibles, loin du tumulte de la vie humaine, pour remplir la mission bienfaisante dont l'accomplissement serait impossible dans les résidences encombrées et bruyantes des hommes.

LE MAÎTRE JÉSUS

Jésus fut pendant les trente premières années de sa vie qui précédèrent son baptême, moment où l'Esprit de Dieu descendit en lui et y demeura désormais, élevant son corps humain à la dignité de Temple du Christ incarné, le plus pur et le plus saint des disciples. Puis, en tant qu'homme, il atteignit l'état de Maître et devint le Seigneur et le maître de l'Église fondée par le Christ. Il est significatif que, dans la doctrine de l'Église, on insiste sur la réalité de la survivance de son corps humain "avec lequel il s'éleva au ciel". À travers tous les âges troublés du christianisme, le maître Jésus fut le Gardien et le Pasteur de son Église, guidant, inspirant, disciplinant, purifiant siècle après siècle, et déversant à présent ce torrent de christianisme mystique qui fertilise les jardins de la chrétienté et y fait s'épanouir une fois encore des fleurs magnifiques. Revêtu d'un corps qu'il a pris en Syrie, Il attend l'époque de sa réapparition dans la vie publique parmi les hommes.

LE MAÎTRE HILARION

Hilarion, qui fut jadis le Jamblique de l'École néoplatonicienne, qui nous donna par M. C. *la Lumière sur le Sentier* et par H. P. Blavatsky *la Voix du Silence*, est un artiste consommé en ce qui concerne la prose poétique anglaise et l'expression mélodieuse de la pensée. Il travaille également pour les temps qui vont venir et jouera un rôle dans le drame de l'Ère nouvelle.

LES MAÎTRES M. ET K. H.

Ceux que M. Sinnett nomme M. et K. H. dans son *Monde Occulte* furent les deux Maîtres qui fondèrent la Société Théosophique, en employant le colonel Olcott et H. P. Blavatsky, tous deux disciples de M., à en établir les fondations. Ils fournirent à M. Sinnett les matériaux pour ses livres célèbres, l'un que nous avons mentionné plus haut, et l'autre *le Bouddhisme Ésotérique*, qui apportèrent à des milliers d'individus en Occident la lumière de la Théosophie. H. P. Blavatsky a raconté comment elle rencontra le Maître M. sur le quai du Serpentine lorsqu'elle visita Londres en 1851.

LE MAÎTRE RAKÓCZI ET DIVERS AUTRES

Le dernier survivant de la Maison royale des Rakóczi, connu sous le nom de Comte de Saint-Germain dans l'histoire du dix-huitième siècle, sous celui de Bacon au dix-septième siècle, de Robert le Moine au seizième, d'Hunyadi Janos au quinzième, et de Christian Rosenkreutz au quatorzième, pour ne mentionner que quelques-unes de ses incarnations, fut disciple au cours de toutes ces vies laborieuses et a maintenant atteint le rang de Maître C'est "l'Adepte Hongrois" du *Monde Occulte* et quelques-uns d'entre nous le connaissent revêtu de ce corps hongrois.

Il y a aussi le "Maître Vénitien" et "Sérapis" qui enseigna le colonel Olcott à un moment donné, et le "Vieux Monsieur de Tiruvallur" auquel H. P. Blavatsky donna ce nom étrange, que Subba Rao et C. W. Leadbeater visitèrent dans sa retraite des Nilgiri, retraite située à environ 80 milles d'Adyar, où il vit isolé, observant les transformations du monde et plongé au cœur des sciences abstruses dont la chimie et l'astronomie ne sont que les enveloppes extérieures. Quelques-uns parmi les Maîtres sont plus ou moins connus du public et doivent le devenir plus, avant que le présent siècle ne soit écoulé.

OU VIVENT-ILS ?

Ils demeurent dans des contrées diverses, éparses dans le monde. Le Maître Jésus réside la plupart du temps dans les montagnes du Liban; le Maître Hilarion en Égypte dans un corps crétois;

les Maîtres M et KH tous deux au Tibet près de Shigatsè, tous deux dans des corps indous.

Le maître Rakóczi vit en Hongrie mais voyage beaucoup ; je ne connais pas la retraite du Maître "Vénitien" ni celle du maître "Sérapis". Que signifie d'ailleurs la résidence du corps physique quand l'activité du corps subtil, qui se libère à volonté du corps plus grossier, transporte son possesseur où il le désire à n'importe quel moment ? Le mot lieu perd sa signification ordinaire pour ceux qui sont de libres citoyens de l'espace, allant et venant à leur gré. Et, quoique l'on sache qu'Ils ont des résidences où demeure d'ordinaire leur corps physique, celui-ci ressemble tellement à un simple vêtement que l'on peut dépouiller à tout moment, que la question de lieu en perd beaucoup de son intérêt.

LEUR ŒUVRE

Ils aident, par d'innombrables moyens, au progrès de l'humanité. De la sphère la plus élevée, ils répandent sur tout l'univers une lumière et une vie qui peuvent être recueillies et assimilées aussi naturellement que la lumière du soleil par ceux qui sont assez réceptifs pour en profiter. De même que

le monde matériel vit de la vie de Dieu concen-
trée par le soleil comme par une lentille, de même
le monde spirituel vit de la même Vie à laquelle
la Hiérarchie occulte sert de foyer. De plus, les
Maîtres qui sont en rapport direct avec les religions s'en servent comme de réservoirs où Ils accu-
mulent de l'énergie spirituelle pour être distribuée
entre les fidèles de chacune d'elles par les voies de
la grâce dûment désignées pour cela. Vient ensuite
la grande œuvre intellectuelle qui consiste pour les
Maîtres à émettre des formes-pensées d'une grande puissance intellectuelle, qui doivent être saisies
par des hommes de génie, assimilées par eux et
apportées au monde par leur intermédiaire. Dans
cet ordre d'idées Ils envoient également leurs ins-
tructions à leurs disciples en leur indiquant quelles
tâches ils doivent entreprendre. Puis, c'est le travail dans le monde mental inférieur, la génération
de forme-pensées qui influent sur l'intelligence
concrète et la guident suivant des directions d'idées
utiles au monde, et l'enseignement des habitants
du monde céleste. Ce sont ensuite les activités importantes du monde intermédiaire, l'aide aux soi-
disant morts, la direction générale et le contrôle
de l'enseignement des disciples plus jeunes, l'envoi
de secours dans de nombreux cas de besoin. Dans

le monde physique, Ils observent la tendance des évènements, corrigent et neutralisent, autant que la loi le permet, les mauvais courants, équilibrant constamment les forces qui travaillent pour et celles qui travaillent contre l'évolution, pour fortifier le bien et affaiblir le mal. Ils travaillent également d'accord avec les Anges des nations, dirigeant les forces spirituelles tandis que leurs collaborateurs s'occupent des forces matérielles. Ils choisissent et rejettent des acteurs pour le grand Drame, influent sur les décisions humaines et inspirent des impulsions utiles dans la direction voulue.

Nous n'avons cité que quelques-uns des modes d'activité sans cesse exercés dans toutes les sphères par les gardiens de l'humanité, ce sont ceux qui entrent dans le champ de notre vision limitée. Ils forment comme un mur protecteur autour de l'humanité, à l'intérieur duquel elle peut progresser sans être écrasée par les forces immenses qui sont en œuvre autour de sa demeure planétaire. De temps en temps l'un d'Eux surgit dans le monde des hommes, sous la forme d'un grand Instructeur religieux, pour s'acquitter de la mission de répandre une forme nouvelle des vérités éternelles, forme qui convient à une nouvelle race ou à une civilisation nouvelle. Tous les grands Prophètes

des religions du globe sont sortis de leurs rangs, et,
tant que vit une religion, l'un de ces grands Êtres
reste à sa tête avec la mission spéciale de veiller
constamment sur elle.

LE GRAND INSTRUCTEUR

Au cours du siècle actuel éclatera l'une de
ces grandes crises qui dans l'histoire de l'humanité marquent l'avènement d'une civilisation nouvelle. Celui qu'en Orient les hommes nomment
Vérité-Sagesse ou l'Instructeur du monde et qu'en
Occident on appelle le Christ, reviendra sous peu
s'incarner sur terre et prendre place une fois de plus
dans la foule agitée des hommes. Avec Lui viendront plusieurs des Maîtres pour l'aider dans son
œuvre et répandre au loin son message. Le torrent
précipité des évènements actuels, les charges intolérables qui écrasent les peuples, les menaces de
guerre, le chaos des opinions politiques, sociales et
religieuses, tous ces signes et bien d'autres sont les
avant-coureurs des temps nouveaux, de la disparition d'une civilisation vieillie, de la naissance d'une
ère nouvelle. En vérité, ce sera un monde nouveau
que contempleront dans leur maturité les enfants

d'aujourd'hui, car de nouveau retentit l'antique parole : "Voyez ! Je crée un nouveau ciel et une nouvelle terre. Voyez ! Je renouvelle toute chose."

TABLE DES MATIÈRES

Mme Annie Besant
(1er octobre 1847 - 20 septembre 1933)

Née à Londres, Mme Annie Besant fut une conférencière, féministe, libre-penseuse, socialiste et théosophe britannique qui prit part à la lutte ouvrière et lutta également pour l'indépendance de l'Inde. Elle fit de nombreuses lectures philosophiques qui développèrent ses questionnements métaphysiques et spirituels. Elle partit s'installer en Inde en 1893 où était basée la Société théosophique. Elle en prit la direction en 1907 et l'assuma jusqu'à sa mort en 1933.